I0774656

El genio bueno y el genio malo

Empatía entre madre y bebé

Amigo Siraj

Colección el Amor de Chandira

Hola, soy Amigo Siraj (César Ocio Guerra es mi nombre legal). Nací en España. He viajado por el mundo y tengo un buen número de amigos en diferentes países.

Viví en India, en Osho Ashram y en la Escuela de Meditación de Oshodhara, donde aprendí a amar la vida en todas sus dimensiones.

Practico Jin Shin Jyutsu, arte meditativo japonés.

He trabajado de profesor y de terapeuta psicomotriz con niños, niñas y jóvenes a lo largo de varias décadas, en mi centro de meditación y terapias en Bilbao.

Tengo publicados varios libros de poesía, cuentos, y artículos sobre terapia del juego.

DEDICATORIA

Este es un cuento en que los héroes y heroínas son esos niños y niñas que han tenido que pasar por circunstancias difíciles y dolorosas en los primeros años de su vida, y que han sabido salir adelante en su camino a pesar de todo.

A ellos y ellas está dedicado este cuento de Aliosha, en honor a las virtudes de amor e inteligencia que muestran, para que todos y todas aprendamos.

A Chandira, que regalaba libros de Winnicott a sus amigas embarazadas.

ÍNDICE

Contacto Facebook Siraj Bilbao

Prólogo

Este es el cuento de Aliosha, un niño de 6 años. El nació en Rusia y vivió con su madre hasta los 18 meses, edad en la que fue entregado a un orfanato, donde vivió hasta los 4 años, en que fue adoptado por sus padres adoptivos, con los que vive desde entonces.

Aliosha apenas recuerda nada de su madre de Rusia, aunque sí tiene en su corazón un anhelo ferviente por reencontrarse con ella y abrazarla con mucho amor.

Erase una vez...

El sueño

Desde que se separó de su madre biológica, Aliosha albergaba dentro de sí, en su corazón, el sueño, el deseo secreto de reencontrarse con ella y abrazarla, como quien abraza a su ser más querido tras una ausencia forzada.

Aliosha soñaba frecuentemente, sin él casi recordarlo al despertar, que caminaba por un camino lleno de luces, por el que seguía y seguía hasta llegar a una casa en la que podía entrar andando atravesando la pared y sentir la cálida estancia de dentro, con el fuego de la chimenea encendido, con troncos ardiendo en llamas sinuosas.

Entretanto, y como salida de la nada, allá aparecía una mujer joven que le cogía y abrazaba contra su pecho. Entonces Aliosha se despertaba y las imágenes

desaparecían como una estrella fugaz que se pierde en la

noche y sentía mucha sed..., en medio de la oscuridad.

Las pesadillas, y el genio bueno y el genio malo

Aliosha a veces tiene pesadillas. El suele decir: "Pienso en cosas malas, como que me matan y cosas así". Y añade: "Tengo un genio bueno y un genio malo, en la cabeza".

¿Qué puede ser en su corta vida un genio malo, y qué... un genio bueno?

El genio bueno

Aliosha, cuando se despierta al amanecer en su cama, se susurra a sí mismo: "Madrecita querida, te recuerdo y siento mi cuerpo gozoso en ese contacto íntimo del estar contigo, en tu regazo, junto a tu pecho; oyendo tu latido como pálpito común, siendo sostenido y mecido, al arrullo de tu suave y tierna voz de la que brota una dulce canción de cuna, una y otra vez repetida... Ese vivir sin tiempo, arropado y querido, hace surgir en mi

piel una inspiración y mi corazón va al paso como un caballito alegre en un prado soleado...".

Claro, sin dudar Aliosha lo llama "genio bueno"; él no sabe cómo ni por qué está sucediendo todo esto, y a la vez acierta al ponerle nombre: "genio bueno"... Su cuerpo, pegadito al de su madre, le lleva a sentir, dentro de sí, ese calor que alumbra su lugar en el mundo...

¿Y el genio malo?... ¡Uf! ¿Quién o qué es el genio malo?

El genio malo

Aunque el niño de carne y hueso lo vive y sabe ponerle nombre, le damos su turno al narrador y a los personajes del cuento, para que hablen.

Para que cuenten acerca del genio malo...

El narrador nos cuenta:

En otras ocasiones, cuando el dolor y el abandono aparecen en el corazón de Aliosha, él le habla a su madre de esta manera: "Madrecita querida, si ese recuerdo de tu cuerpo latiendo junto al mío, de tus manos, de tus ojos, de tu dulce y tierno olor no está, entonces pienso en cosas malas, mi cabeza me va por otro lado y me olvido de todo".

"¡Me sale un grito! —dice Aliosha y añade: Me parece como si me mirara en un espejo roto... sí, es como andar por un camino oscuro, sin estrella que lo alumbre".

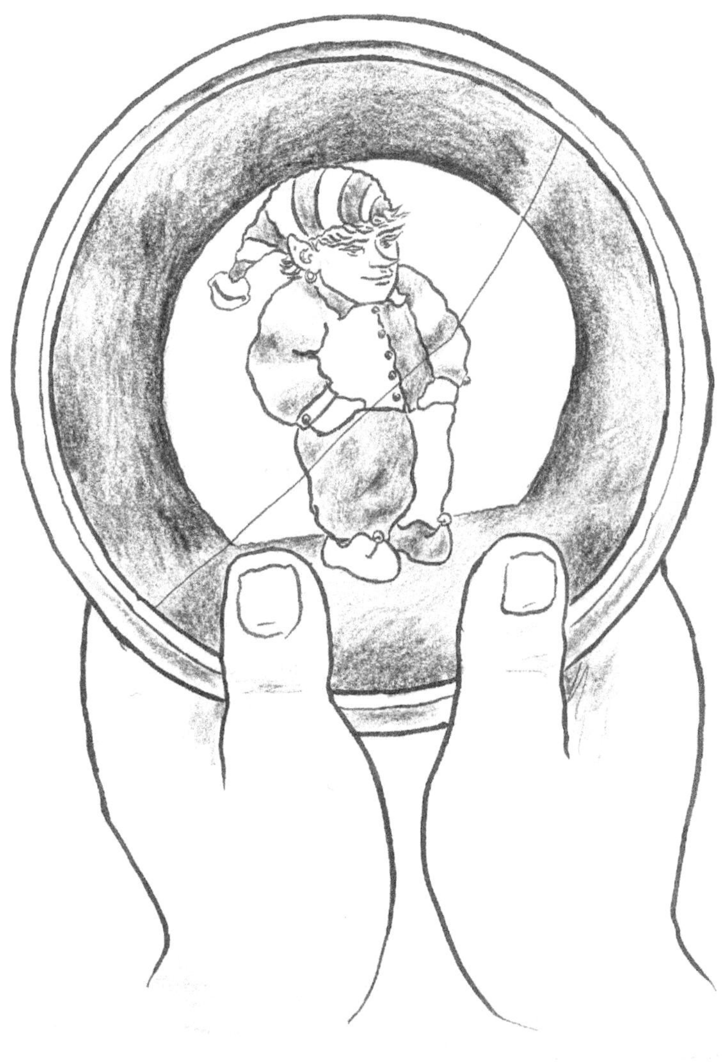

Aliosha sabe que aquel recuerdo de la piel y del amor de su madre le hace capaz de ver y de distanciarse de ese mundo de caos, dolor y griterío, de "cosas malas" como él mismo dice..., en contraste a aquel contacto que le hizo sensible y humano.

Su tío, por otra parte, se muestra resolutivo...

—De acuerdo, tienes sueños malos, en los que sueñas que te matan, pero cuando te despiertas, ¿cómo estás, vivo o muerto? —le pregunta a Alyosha.

—¡Vivo! —dice Aliosha, con cara de sorpresa.

—Entonces, ¡eso es lo que vale! —dice su tío y ríe con una sonora carcajada a la vez que gesticula levantando sus manos.

El nuevo hogar

Llegado a su nuevo hogar, su nueva familia le regaló varios peluches, con los que se conformó lo que todos en la casa llamaban "la pequeña familia de peluches" entre los que había un perro, un gato, un elefante, un cerdito, una mona y un oso que le acompañaban a Aliosha día y noche en su cuarto.

Todos estos amigos pasaban ocasionalmente a moverse por la habitación en sus juegos, pudiendo estar tan pronto debajo de la cama como encima de las estanterías; o encontrarse de repente, con gran diligencia, tanto sentados en el triciclo como dirigiendo las obras con los legos y construcciones de Aliosha. E incluso, en ocasiones, sobre todo en las noches de invierno, se acostaban con él para compartir sus sueños.

Aliosha tenía con sus peluches sus conversaciones y sus más y sus menos, y a veces se le veía haciendo con ellos gestos de discusión o desacuerdo, aunque al final parecía haber siempre un tono pausado y una fraternal reconciliación. Hacía con ellos a veces también una compleja red de cuerdas y nudos en la que quedaban los peluches atados con otros juguetes y objetos, en un código secreto que solo él conocía.

En la escuela

En la escuela a veces tenía sus problemas, porque él no acababa de entender por qué razón el "1" tenía una nariz tan larga, o el "9" una cabeza tan grande y un cuerpo tan delgado. Y el "10" todavía le resultaba más extraño, ya que no acertaba a comprender qué hacían juntos aquel narizotas con aquel barriguitas que no se sabía ni adonde miraba, ¡grandes enigmas que le nublaban la mente!

Con las letras... A, B, C,... empezaba bien, pero cuando llegaba hacia la mitad del abecedario, le costaba ordenarlas y a veces las confundía y le parecía que flotaban para cuando llegaba a la X, Y, Z. Entonces decía muy sabiamente: "Yo sí puedo aprender, pero mi cabeza me va por otro lado".

Eso sí, él se sentía amigo de todos los niños y niñas, a los que acariciaba con cariño; y a todos los veía como

ABC
910

sus amigos, en especial a las niñas, a las que les decía: "Quiero ser tu novio, ¡eres tan bonita!".

Aliosha y sus juegos

Cuando juega en el patio sus movimientos son secuenciados y prudentes y sabe caer bien, en redondo, como un balón. Le gusta el fútbol y se divierte mucho, aunque a veces mete gol en la portería de su propio equipo, por pura confusión. También juega a la comba y hace virguerías con pies y manos, aunque a veces se confunde y todos ríen.

Frecuentemente se sienta en silencio y se balancea a la vez que canta susurrando como si soplara una suave brisa. El se siente como un árbol y oscila de un lado a otro como si el viento le meciera. Disfruta tanto este balanceo, que por momentos se siente desaparecer en esa plena alegría de moverse.

Él es muy sensible y llora con facilidad, si se le levanta la voz; "¡oh me da miedo!" —dice. Le gustaba andar en triciclo y ahora anda en bici con mucha cautela y su precaución es extrema cuando va en moto con su tío. Su corazón es delicado y frágil como una pompa de jabón; y cuando se pone a jugar, su espíritu es juguetón y tierno como si fuera un cachorro o una cría de delfín.

Querido amigo Aliosha

La vida y la historia de Aliosha justo acaba de comenzar... Para él, que tiene un corazón lúdico, la vida es siempre un "eterno comenzando" lleno de nuevas posibilidades. Tendréis más noticias de Aliosha y sus amigos y podréis seguir sus aventuras en otros cuentos y relatos.

Epílogo

Este cuento está elaborado con fragmentos biográficos de varios niños, niñas y adultos.

Todas esas experiencias y anécdotas que dan soporte a estos fragmentos están sujetas a leyes biológicas y psicológicas de desarrollo evolutivo y maduración, con lo que podemos decir que es una suma de historias reales, en clave de cuento.

De esta manera, podemos afirmar que, aún siendo anónima, es una historia de todos y para todos, niñas y niños, mujeres y hombres.

He pasado muchas horas acompañando y observando a diferentes personas a la vez que a mí mismo, en sesiones de terapia. En todas nuestras expresiones y silencios se manifiesta una necesidad esencial: la necesidad de ser amado. Este cuento cuenta algo acerca del origen de esa necesidad. Espero que el cuento te sirva de estímulo e inspiración para comprenderla y vivirla mejor.

Añado asimismo un vínculo a mi blog, en el que puedes leer un comentario mío sobre una conferencia muy bella del pediatra británico, Donald Winnicott, sobre salud ambiental en la infancia.

Esta conferencia fue en su día una gran inspiración para mí mismo a la hora de comprender el alma infantil. De esta manera rindo homenaje a Donald Winnicott y a su trabajo, a la vez que os proveo, queridos lectores y lectoras, de un documento magnífico. Enlace:

https://centroturiyabilbao.blogspot.com/p/el-geni o-bueno-y-el-genio-malo-good.html

The good genie and the evil genie

Empathy between mother and baby

Amigo Siraj

Chandira's Love Collection

 Hello, I am Amigo Siraj (César Ocio Guerra is my legal name). I was born in Spain. I have traveled around the world and have a good number of friends in different countries.

I have lived in India, in Osho Ashram and in the Meditation School of Oshodhara, where I learned to love life in all its dimensions. I practice Jin Shin Jyutsu, Japanese meditative art.

I have worked as a teacher and as a psychomotor therapist with children and teenagers for several decades, in my center for meditation and therapies in Bilbao (Spain)

I have published several poetry books, tales, and articles about play therapy.

DEDICATION

This is a story in which the heroes and heroines are those boys and girls who have had to go through difficult and painful circumstances in the early years of their lives, and who have managed to continue their path despite everything.

This story by Alyosha is dedicated to them, in honor of the virtues of love and intelligence that they show, so that we can all learn.

To Chandira, who gifted Winnicott's books to her pregnant friends

INDICE

CONTACT

Facebook Siraj Bilbao

Foreword

This is the story of Alyosha, a 6-year-old boy. He was born in Russia and lived with his mother until he was 18 months old, when he was given up to an orphanage, where he lived until he was 4 years old, when he was adopted by his adoptive parents, with whom he has lived ever since.

Alyosha hardly remembers anything about his Russian mother, although he does have a fervent longing in his heart to meet her again and embrace her lovingly.

Once upon a time...

The dream

Ever since he separated from his biological mother, Alyosha harbored within his heart, the dream, the secret desire to meet her again and embrace her, like someone who embraces his loved one after a forced absence.

Alyosha often dreamed, almost without him remembering it when he woke up, that he was walking along a path full of lights, and he continued on until he reached a house where he could walk through the wall and feel the warm room inside, with the fire lit, with logs burning with sinuous flames.

Meanwhile, and as if out of nowhere, a young woman appeared and picked him up and hugged him to her chest. Then Alyosha would wake up and the images would disappear like a shooting star lost in the night

and he would feel very thirsty..., amid the darkness.

The nightmares, and the good genie and the evil genie.

Alyosha sometimes has nightmares. He often says: "I think about bad things, like being killed and things like that". And he adds: "I have a good genie and an evil genie, in my head".

What can an evil genie be in his short life, and what... a good genie?

The good genie

Alyosha, when he wakes up at dawn in his bed, whispers to himself: "Dear Mummy, I remember you and feel my joyful body in that intimate contact of being with you, on your lap, next to your chest; listening to your heartbeat like a common throb, being held and rocked, to the lullaby of your soft and tender voice that produces a sweet song, repeated over and over again... That living without regard to time, wrapped up

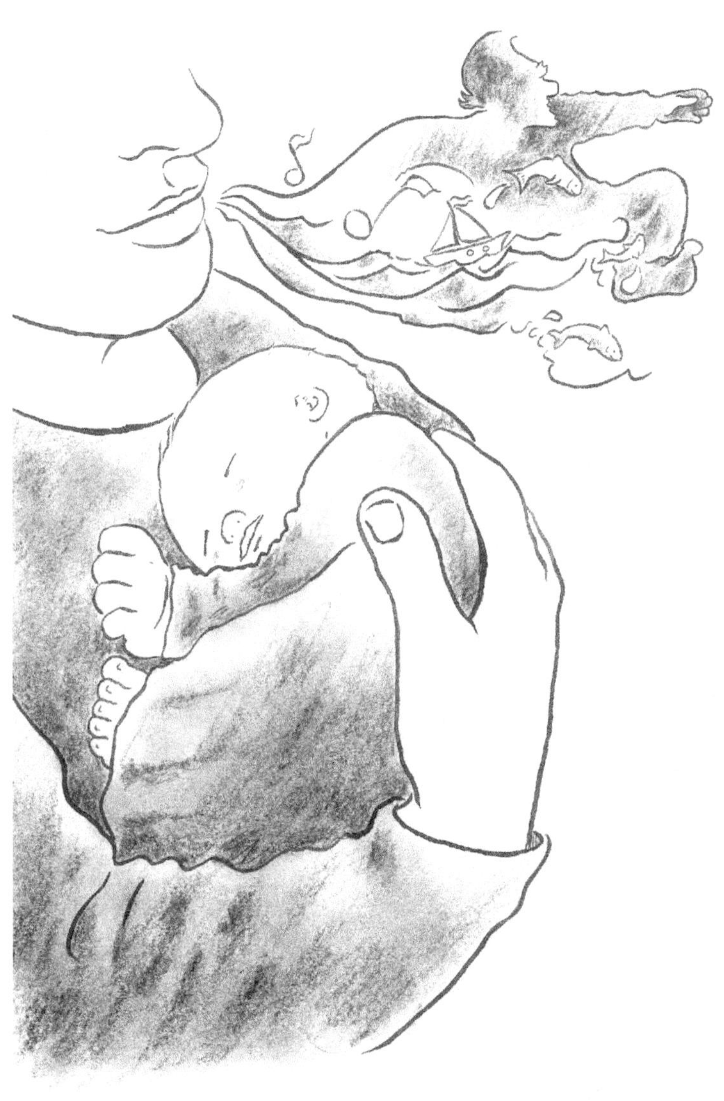

and loved, causes inspiration in my skin and my heart gets into step like a happy little horse in a sunny meadow...".

Of course, without hesitation Alyosha calls that a "good genie"; he doesn't know how or why all this is happening, and at the same time he is right to name him: "good genie"... His body, close to his mother's, leads him to feel, within himself, that warmth that illuminates his place in the world...

And the evil genie?... Uf! Who or what is the evil genie?

The evil genie

Although the flesh-and-blood child lives it and knows how to name it, we give the narrator and the characters of the story their turn to speak.

So they can tell about the evil genie...

The narrator tells us:

On other occasions, when pain and abandonment appear in Alyosha's heart, he speaks to his mother in this way: "Dear Mummy, if that memory of your body beating next to mine, of your hands, of your eyes, of your sweet and tender smell is not there, then I think about bad things, my head goes somewhere else and I forget everything".

"I scream! —Alyosha says and he adds: It seems to me as if I was looking at myself in a broken mirror... yes, it is like walking down a dark path, without a star to illuminate it".

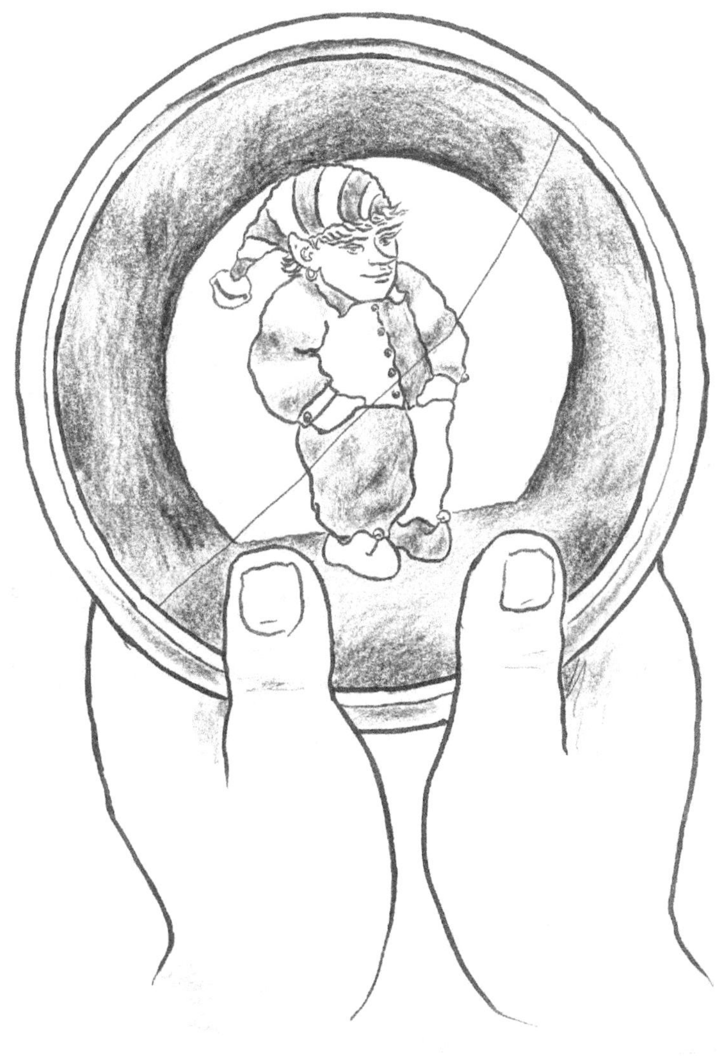

Alyosha knows that that memory of his mother's skin and love makes him capable of seeing and distancing himself from that world of chaos, pain and yelling, of "bad things" as he himself says..., in contrast to that contact that made him sensitive and human.

  His uncle, on the other hand, appears decisive...

—Okay, so you have bad dreams, in which you dream that you are killed, but when you wake up, how are you, dead or alive? —he asks Alyosha.

—I'm alive! —Alyosha says, with a surprised look.

—So, that's what it's important! —says his uncle and laughs a hearty laugh while gesticulating by raising his hands.

The new home

When he arrived at his new home, his new family gave him as a present several stuffed animals, that constituted what everyone called "the little family of stuffed animals" which included a dog, a cat, an elephant, a little pig, a monkey and a bear accompanying Alyosha day and night in his room.

All these friends would occasionally move around the room in their games, able to be under the bed one moment, on top of the shelves another; or suddenly find themselves, with great diligence, sitting on the tricycle or directing the building work with Alyosha's lego and construction kits. And sometimes, especially on winter nights, they even went to bed with him to share his dreams.

Alyosha had conversations with his stuffed animals, and sometimes he was seen making gestures of disagreement with them, although in the end there always seemed to be a leisurely tone and a brotherly reconciliation. Sometimes he also made a complex network of ropes and knots in which the stuffed animals were tied to other toys and objects, in a secret code that only he knew.

At school

At school he sometimes had problems, because he didn't quite understand why "1" had such a long nose, or "9" had such a big head and such a thin body. And "10" was even more strange to him, since he couldn't quite understand what that big-nosed man was doing together with that fat bellied guy who didn't even know in which direction he was looking, great enigmas that clouded his mind!

With the letters... A, B, C,... he started out well, but when he got to around the middle of the alphabet, it was difficult for him to put them in order and sometimes he got them muddled and it seemed to him that they were floating by the time he got to X, Y, Z. Then he said very wisely: "I myself can learn, but my head goes the wrong way".

He did feel, however, a friend of all the boys and girls, whom he caressed with affection; and he saw each one as his friend, especially the girls, to whom he said: "I want to be your boyfriend, you're so pretty!".

Alyosha and his games

When he plays in the playground his movements are sequenced and cautious and he knows how to fall round, like a ball. He likes soccer and has a lot of fun, although sometimes he scores a goal in his own team's goal, out of total confusion. He also plays jumping over a rope and performs tricks with his hands and feet, although sometimes he gets it wrong and everyone laughs.

He often sits silently and sways while singing, whispering as if a gentle breeze were blowing. He feels like a tree and swings from side to side as if the wind is rocking him. He enjoys this swinging so much that at

times he feels himself disappearing in that total joy of moving.

He is very sensitive and cries easily if someone raises his voice to him; "oh I'm scared!" —He says. He liked to ride a tricycle and now he rides his bike very carefully and his caution is extreme when he rides on a motorcycle with his uncle. His heart is delicate and fragile like a soap bubble; and when he starts to play, his spirit is playful and tender as if he were a puppy or a baby dolphin.

Dear friend Aliosha

Alyosha's life and story has just begun... For him, who has a playful heart, life is always an "eternal beginning" full of new possibilities. You will have more news about Alyosha and his friends and you will be able to follow their adventures in other stories and tales.

EPILOGUE

This story is crafted from biographical fragments of various children and adults. All those experiences and anecdotes that support these fragments are subject to biological and psychological laws of developmental evolution and maturation, so we can say that it is a collection of real stories, in the form of a tale.

In the same way, we can affirm that, even though it is anonymous, it is a story for everyone, girls and boys, women and men. I have spent many hours accompanying and observing different people as well as myself, in therapy sessions. An essential need is manifested in all our expressions and silences: the need to be loved. This story tells about the origin of that need. I hope the story serves as encouragement and inspiration for you to understand and live it better.

I also include a link to my blog, where you can read my commentary on a wonderful conference on environmental health in childhood by the British pediatrician, Donald Winnicott. This conference was at the time a great inspiration for me in understanding a child's soul. I hereby pay tribute to Donald Winnicott and his work, while providing you, dear readers, with a magnificent document. Link:

https://centroturiyabilbao.blogspot.com/p/el-geni o-bueno-y-el-genio-malo-good.html

Contenidos digitales/Digital contents